Dieses Buch gehört

Liebe Eltern,

wir wollen Ihr Kind beim Lesenlernen unterstützen, und zwar mit Geschichten, die Spaß machen.

Unsere Bücher mit dem liebenswerten Leselöwen begleiten Ihr Kind durch die 1. Klasse. Sie enthalten eine spannende Geschichte mit einfachen Sätzen und gut lesbarer Schrift. Viele bunte Bilder sorgen für Lesepausen und helfen, die Geschichte zu verstehen. Mit den Aufgaben zum Text kann Ihr Kind selbst prüfen, ob es den Text richtig verstanden hat. Zu den markierten Wörtern warten am Ende des Buches spannende Fakten und in unserem Onlineportal finden Sie viele weitere Extras!

So wird Ihr Sohn oder Ihre Tochter zum echten Leselöwen!

Ihr

Leselöwe

Jetzt geht es

los!

Eva Hierteis

Ein Pony
namens Erbse

Illustriert von Marc-Alexander Schulze

www.leseloewen.de

MIX
Papier aus ver-
antwortungsvollen
Quellen
FSC® C109273

ISBN 978-3-7432-0659-5
1. Auflage 2020
© 2020 Loewe Verlag GmbH, Bindlach
Umschlag- und Innenillustrationen: Mark-Alexander Schulze
Umschlaggestaltung: Michael Dietrich
Vignetten Leselöwe: Angelika Stubner
Printed in the EU

www.loewe-verlag.de

Inhalt

Was poltert denn da?

Ella lümmelt am Küchentisch
und träumt von einem Tier.
Egal, ob Hund, Katze, Maus –
Hauptsache, ein Tier im Haus!

Früher hat hier mal
ein Hund gewohnt.
Die Hundeklappe ist noch da.
Sehnsüchtig guckt Ella darauf.

9

Sie findet alle Tiere toll.

Nur ein **Pferd** will sie nicht.

Die sind zwar wunderschön,

aber eben sehr, sehr groß …

Da rumpelt es plötzlich
und durch die Hundeklappe
lugt ein Wuschelkopf.
Ella staunt: ein winziges Pony!

Neugierig guckt es sich um
und schnuppert an Ellas Hand.
Sie streichelt es behutsam.
Das Pony ist kuschelig weich.

Da kommt Mama in die Küche.

Sie hüpft vor Schreck hoch.

Das Pony auch.

Und Ella hüpft vor Freude.

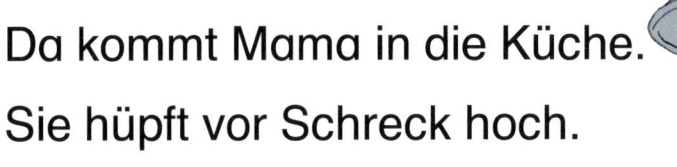

„Wir haben ein Haustier!",
ruft sie. „Toll, oder?"
Mama sieht das anders:
„Ponys gehören in den **Stall**."

Eigentlich will Ella

das Pony behalten.

Aber wenn Mama so guckt,

ist nichts zu machen.

Ein Pony namens Erbse

Das Pony kommt bestimmt
vom **Reiterhof** nebenan.
Ella bringt es
schweren Herzens zurück.

„Erbse!", ruft Reitlehrer Tom.

„Wir haben dich vermisst!"

„Erbse? Na, das passt ja!"

Lachend krault Ella das Pony.

„Ihr versteht euch gut, was?",
meint Tom. Dann erklärt er,
dass Erbse ein **Zwergpony** ist.
Zum Reiten ist es zu klein.

Aber man kann mit ihm
spielen und spazieren gehen.
„Willst du Erbse ab und zu
besuchen?", fragt Tom.

„Nein", sagt Ella und grinst.

„Nicht ab und zu. Täglich!"

Ab da sind sie unzertrennlich.

Ella kuschelt, wuschelt
und füttert.
Erbse kuschelt, wuschelt
und futtert.

Bald darauf macht Tom
mit Ella und Erbse
sogar einen Ausflug.
Das macht total Spaß!

Auch auf dem Reiterhof

gefällt es Ella super.

Alle sind unheimlich nett.

Bis auf Nora.

Die guckt immer so eingebildet
von ihrem Riesenpferd Darko
auf Ella herab und nennt sie
„Prinzessin auf der Erbse".

Und vor Darko hat Ella Bammel.
Doch dann steckt sie die Nase
in Erbses Flauschemähne und
hat sofort wieder gute Laune.

Mutig wie zwei Löwen!

Heute ist es so weit:

Ella und Erbse

dürfen ganz allein los.

Sie planschen an einem Bach,
pflücken knallbunte Blumen
und machen ein Picknick.

Plötzlich entdecken sie
ein anderes Pferd. Allein.
Das ist ja Darko!
Von Nora fehlt jede Spur.

Ella sieht Erbse erschrocken an.

„Was machen wir denn jetzt?

Wir müssen Hilfe holen!"

Plötzlich stapft Darko weiter.

Damit ist klar:

Wenn sie gehen, ist er weg.

Da marschiert Erbse los.

Ella lässt sich mitziehen.

Das große Pferd **tänzelt** nervös.

Aber Erbse geht tapfer weiter.

Vor Darko bleibt sie stehen

und reckt die Schnauze hoch.

Ella hält den Atem an.

Dann senkt Darko den Kopf und

die beiden beschnuppern sich.

Langsam, ganz langsam

wagt sich auch Ella näher.

Mit zittrigen Fingern

hält sie Darko eine Möhre hin.

„Ganz ruhig", flüstert sie
und greift seine Zügel.
„Wir gehen jetzt nach Hause."

Und tatsächlich:

Darko trottet hinter ihr her.

Ellas Herz klopft wie wild,

aber sie strahlt. Wahnsinn!

Kurz vor dem Hof kommen ihnen

Tom und Nora entgegen.

Nora humpelt. Kein Wunder,

sie wurde ja auch abgeworfen.

„Das war ja klar." Tom lacht
und nimmt Ella die Zügel ab.
„Du sammelst alle Pferde ein.
Egal, ob riesig oder klein!"

„Ähm …" Nora räuspert sich.

„D-danke. Voll mutig von dir."

Ella drückt Erbse ein Küsschen

auf die Nasenspitze.

„Aber allein hätte ich das
nie geschafft", erklärt sie.
„Erbse ist einfach die Größte!"
Und das findet Erbse auch!

1. **Wie kommt das Zwergpony zu Ella in die Küche? Bringe die Silben in die richtige Reihenfolge.**

Durch die KLAP DE HUN PE.

Antwort: Hundeklappe

2. **Wer hüpft vor Schreck, wer hüpft vor Freude? Verbinde die Bilder mit den richtigen Wörtern.**

SCHRECK

FREUDE

Antwort: Mama hüpft vor Schreck.
Ella hüpft vor Freude.

40

3. Was ist Darko? Kreuze an.

☐ Zwergpony

☐ Riesenpferd

☐ Esel

Antwort: Riesenpferd

4. Wie heißt Darkos Reiterin? Suche das richtige Wort im Buchstabengitter.

N	I	N	A
U	N	O	R
R	A	R	I
I	R	A	N

Antwort: Nora

5. Welches Wort fehlt in diesem Satz aus der Geschichte? Trage es ein.

_____ ist einfach die Größte!

Antwort: Erbse

Pferd (Seite 10):

Pferd oder Pony? Der Unterschied ist die Größe. Von Pferden spricht man ab einer Größe von 1,48 Metern, darunter von Ponys. Die Größe wird in Stockmaß angegeben. Man misst das Stockmaß am Widerrist, das ist der Übergang zwischen Kopf und Rücken.

Stall (Seite 14):

Pferde und Ponys sind meistens in Boxenställen untergebracht. Jedes Tier hat eine Einzelbox. Tagsüber kommen die Pferde auf eine Koppel, wo sie grasen und herumtollen können. Es gibt aber auch Laufställe, in denen alle Pferde zusammen stehen. Sie haben oft einen Paddock, das ist ein Auslauf draußen am Stall.

Reiterhof (Seite 16):

Stall, Pferdekoppel, eine Reithalle und ein Reitplatz gehören zu jedem Reiterhof. Größere Reitanlagen haben manchmal auch eine Rennbahn oder einen Geländeplatz mit verschiedenen Hindernissen.

Zwergpony (Seite 18):

Zwergponys sind normale Ponys und sehen auch so aus – nur eben eine Nummer kleiner. Ihr Stockmaß beträgt höchstens 86 Zentimeter. Das Zwergpony Erbse aus dieser Geschichte ist ein Falabella. Diese Rasse ist ganz besonders klein. Das kleinste Falabella der Welt war nur 30,4 Zentimeter groß!

tänzeln (Seite 31):

„Tänzeln" nennt man es, wenn ein Pferd oder ein Pony aufgeregt herumhampelt.

Blättere schnell um und trage die blauen Buchstaben in der richtigen Reihenfolge in die Kästchen ein!

Eva Hierteis, geboren 1972, träumte schon als Kind davon, Bücher zu schreiben, kam jedoch nie über die dritte Seite hinaus. Das hat sich inzwischen geändert. Nach einem Literaturstudium und einigen Jahren in einem Kinderbuchverlag hat sie sich endlich ihren Traum erfüllt und widmet sich ganz dem Schreiben. Sie lebt mit ihrer Familie in Nürnberg.

Marc-Alexander Schulze, Jahrgang 1977, studierte an der Hochschule für Angewandte Wissenschaften in Hamburg mit Schwerpunkt Kinder- und Jugendbuchillustration. Seit 2004 arbeitet der gebürtige Hamburger als freiberuflicher Illustrator, der seine Freizeit gerne an der Nordsee verbringt.

Das Leselöwen-Lösungswort

Besuche den Leselöwen auf
www.leseloewen.de und trage
die farbigen Buchstaben
von den Seiten *Schon gewusst?*
in der richtigen Reihenfolge
in die magische Box ein.

Wenn du das Lösungswort
gefunden hast, kommst du auf
die geheime Seite mit vielen
weiteren Spielen und Rätseln!

Der **Leselöwe** freut sich auf dich!

Jetzt
online!